Anni Becker

Uff die Bääm die Pälzer kummen

ANNI BECKER

Uff die Bääm die Pälzer kummen

Pfälzer Sprüche nach Noten

Mit erläuternden Texten von Hans Becker

Reinhold Gondrom Verlag Kaiserslautern

KAISERSLAUTERER AUSGABE

KAISERSLAUTERER AUSGABE
Band 7
Herausgeber: Gert Friderich

Die erläuternden Texte schrieb Hans Becker

Reinhold Gondrom Verlag, Kaiserslautern
Postfach 2780 in 6750 Kaiserslautern

Umschlagentwurf und Gesamtgestaltung:
Uwe Dauber, Kaiserslautern

Notenschrift: Bigi Lechner, Kaiserslautern

Technische Weiterverarbeitung und Druck:
Druckerei Lang und Kerker, Kaiserslautern

ISBN 3-88874-510-1

Pfälzer Sprüche nach Seiten

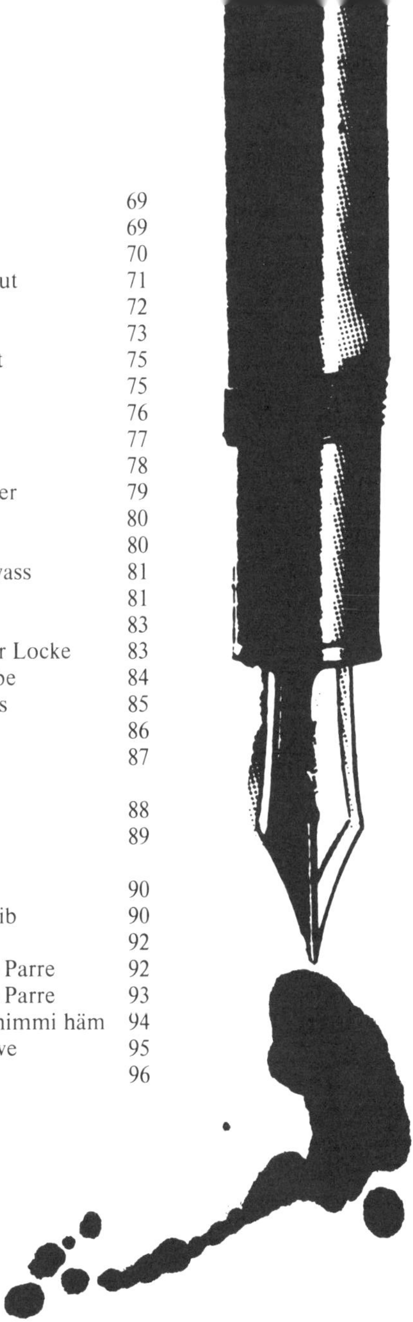

Pälzer Sprüch

KANON ZU 2 STIMMEN

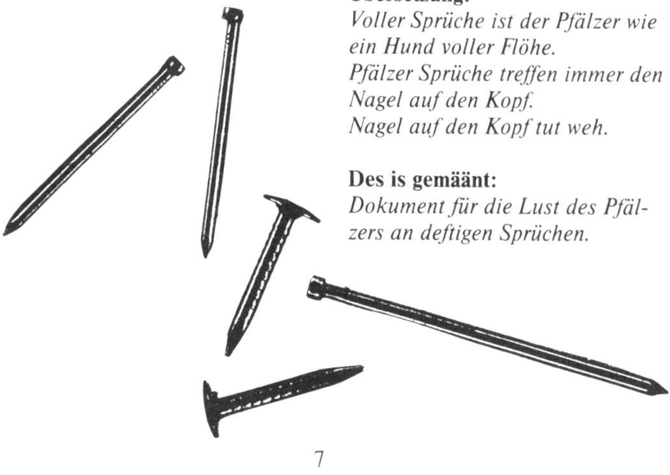

Übersetzung:
Voller Sprüche ist der Pfälzer wie ein Hund voller Flöhe.
Pfälzer Sprüche treffen immer den Nagel auf den Kopf.
Nagel auf den Kopf tut weh.

Des is gemäänt:
Dokument für die Lust des Pfälzers an deftigen Sprüchen.

Rode Hoor

Ro- de Hoor un Er- le- holz wach - sen uff käm
gu - de Bor- rem un e gu - der Hah(n) werd sel - de
fett. O Mä-del, brenn der Lo- cke, do bleib-sche aa net
ho - cke! Sit - ze - blei - wer, Gel- le - rie - we - rei - wer!
Sieh - sche net die Wutz im Gaa - de, wie se wak-kelt mit de Wa - de.
Wann drei Ker-sche wie'n e Pund, hei-rat ich es Bum-be Hund.
Er- le - holz un ro - de Hoor, wo nix
is, hat de Kai - ser es Recht ver- lor.

Übersetzung:

Rote Haare und Erlenholz wachsen auf keinem guten Boden.
Ein guter Hahn wird selten fett.
Mädchen, brenn dir Locken, dann bleibst du auch nicht hocken.
Sitzenbleiber, Gelberübenreiber!
Siehst du nicht das Schwein im Garten, wie es wackelt mit den Waden!
Wenn drei Kirschen wiegen ein Pfund, heirate ich den Hund der (Familie) Bumb.
Erlenholz und rote Haare: Wo nichts ist, hat der Kaiser das Recht verloren.

Des is gemäänt:

Im heidnischen Baumorakel steht die Erle für die Göttin. Durch das Christentum verteufelt, wurde sie zur Hexe. Eine Rothaarige ist eine Hexe, vor der man sich in Acht nehmen muß.
Ein „guter Hahn" ist einer, der fleißig die Hennen befliegt, damit diese keine tauben Eier legen. Ein Mann, der sich als „guter" Liebhaber betätigt, bleibt schlank, weil er seine Energie verbraucht und nicht als Fettpolster speichert.
Ehe man die chemische Dauerwelle kannte, benutzten die Frauen ein scherenartiges Instrument, das in der Herdglut erhitzt wurde, um damit haltbare Locken in die Haare zu drehen (Lockenschere).
Ein Schüler, der das Klassenziel nicht erreicht, bleibt „sitzen", d. h. er muß die Klasse wiederholen. Er wird von den Klassenkameraden als Gelberübenreiber verhöhnt.
Eine Frau mit Fettpolstern, welche beim Gehen fibrieren, wird als Mastschwein verhöhnt.
Mit dem „Hund der (Familie) Bumb" ist ein stets schlampig gekleideter Mann gemeint, den kein Mädchen heiraten möchte, es sei denn, drei Kirschen wiegen ein Pfund, was niemals sein kann.
Wenn einer nicht nur Schulden hat, sondern obendrein keinerlei Besitz, dann besteht für den Gläubiger keine Hoffnung, zu seinem Geld zu kommen. Es kann auch nichts gepfändet werden.

Wutz im Gaade

KANON ZU 4 STIMMEN

Übersetzung:
Siehst du nicht die Sau im Garten,
wie sie wackelt mit den Waden.
Wackelwaden, kleiner Schaden!
Gartenschweine, großer Nutzen!

Des is gemäänt:
Im Verhältnis zu dem großen Nutzen, den ein Mastschwein seinem Besitzer bringt, ist der Schaden, den es unter Umständen im Garten anrichtet, klein.

Jedenfalls

Übersetzung:

Jedenfalls ist der Kopf immer dicker als der Hals.
Ist der Hals aber dicker als der Kopf,
ist es jedenfalls ein Kropf.
Und ein Kropf ist so nötig wie ein Grind, ihr Leute,
und ein Grind ist so nötig wie ein Kropf.

Des is gemäänt:

Wenn jemand häufig versucht, in eine verworrene Sache Klarheit zu bringen, benutzt er häufig den Ausdruck „Jedenfalls . . .“. Wenn es sich um eine recht verzwickte Angelegenheit handelt, tröstet man sich mit der humorigen Feststellung, die nicht zu bestreiten ist, daß der Kopf dicker als der Hals sei, es sei denn, die Person habe einen Kropf.
Sowohl Grind, eine Hautschorfkrankheit, als auch ein Kropf sind äußerst unbeliebte Krankheiten und absolut nicht „nötig“, vielmehr so unnötig wie alle sonstigen unliebsamen Begebenheiten, deren unnötiges Vorhandensein man damit charakterisiert.

mitm Jockel
hinners Hammerl Hütte-Haus

A(n)gewwe wie

KANON ZU 3 STIMMEN

Übersetzung:
Angeben wie eine Tüte voller Mücken und großtun wie sieben Nackte, mit großen Hunden pissen gehen, aber das Bein nicht hochkriegen!

Des is gemäänt:
So verspottet der Pfälzer einen Aufschneider.

Ehr Leit, kaafen

KANON ZU 4 STIMMEN

Übersetzung:
Ihr Leute, kauft Kummen (Kaffeeschüsseln, aus denen früher der Milchkaffee samt eingeweichtem Brot gelöffelt wurde).
Kummen ohne Henkel (im Gegensatz zu Tassen!).
Die Kinder brechen sie (die Henkel) doch ab.

Des is gemäänt:
Mit diesem Ruf fuhren in früheren Zeiten die Töpfer mit ihren Karren durch die Ortschaften und priesen ihre henkellosen Tassen an.

Jedem Narr

KANON ZU 4 STIMMEN

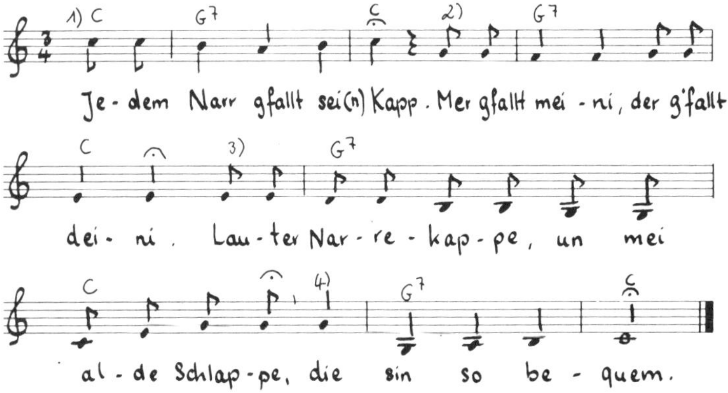

Übersetzung:
Jedem Narren gefällt seine (Narren-)Kappe.
Mir gefällt meine, dir gefällt deine.
Lauter Narrenkappen!
Meine alten Schlappen, die sind so bequem!

Des is gemäänt:
Anwendung für Eigenbrötler!
Jeder Mensch hat mehr oder weniger Eigenheiten, die zu korrigieren er nicht bereit ist, weil das unbequem wäre.

Wo gehowwelt werd

KANON ZU 3 STIMMEN

Übersetzung:
Wo gehobelt wird, fallen Späne.

Des is gemäänt:
Jeder Streit hinterläßt seine Spuren.

Dreck macht Speck

KANON ZU 3 STIMMEN

Übersetzung:
Dreck macht Speck und Lumpen (machen) Läuse.
Mit Speck fängt man Mäuse.
Lausige Lumpen, Zigarrenstumpen
. . .

Maisje! Achtung! Falle-steller!!!

Des is gemäänt:
Vielerlei Anwendungsmöglichkeiten, z. B. wenn jemandem ein Stück Brot zur Erde fiel, dann hebt er's auf, bläst den Dreck ab und ißt weiter mit den Worten „Dreck macht Speck", was bedeutet, Dreck sei gut für die Gesundheit. „Speck" nennt der Pfälzer auch die Fleischteile des menschlichen Körpers.
Die Verbindung mit den Lumpen, die dem Träger Ungeziefer einbringen, erinnert an die alten Zaubersprüche: So sicher wie man Ungeziefer bekommt, wenn man in Lumpen geht, so sicher ist ein bißchen Dreck am Brot nicht schädlich.
So wie man mit Speck in der Falle Mäuse fängt, so kann man auch seinen Mitmenschen Fallen stellen, man muß nur den richtigen Köder darin haben.

Fingerslang gehannelt

KANON ZU 5 STIMMEN

Übersetzung:
Fingerslang gehandelt ist besser als armlang geschafft (gearbeitet). Wer den Pfennig nicht ehrt, ist des Talers nicht wert. Müßiggang ist aller Laster Anfang. Am Abend wird der Faule fleißig. Aber Morgenstund hat Gold im Mund und Blei im Arsch.

Des is gemäänt:
Geld spielt eine wichtige Rolle, und wer drauf aus ist, reich zu werden, schafft das nicht mit der Hände Arbeit, sondern nur als Händler, der kauft und verkauft.

Fingerslang gehannelt

KANON ZU 5 STIMMEN

Des is gemäänt:
Der Händler verdient sein Geld leichter als der Arbeiter.

Übersetzung:
Fingerslang gehandelt ist besser als armslang gearbeitet.

Wenn unser Herrgott

KANON ZU 3 STIMMEN

Übersetzung:
Wenn unser Herrgott einen Narren (haben) will, (dann) läßt er einem alten Mann die Frau sterben.

Des is gemäänt:
Alte Männer, die zeitlebens von ihrer Ehefrau häuslich betreut wurden, kommen in der Regel nicht zurecht, wenn die Frau vor ihnen stirbt.

Amme rußische Häbche

KANON ZU 2 STIMMEN

Übersetzung:
An einem rußigen Topf reibt man sich nicht.
Man macht einen Bogen darum herum,
sonst bekommt man sein Fett ab . . .

Des is gemäänt:
Einem bösen Menschen geht man besser aus dem Wege. Auf keinen Fall sollte man mit ihm in Streit geraten. Man hätte am Ende Schaden.

Net uffreiwe losse!

Laster-Kanon

KANON ZU 4 STIMMEN

Übersetzung:
Liebe und Leichtsinn und der Suff
reiben halt die Menschen auf.

Deutung überflüssig!

Dreimol drei

KANON ZU 3 STIMMEN

Übersetzung:
Dreimal drei ist Bubenrecht,
mein liebes Mädchen,
mein lieber Knecht.

Des is gemäänt:
Mit diesem Spruch hat sich schon mancher „Bube“ ein Recht herausgenommen, das ihm eigentlich gar nicht zustand.

Hätt ich - wär ich - tät ich

Übersetzung:

Wenn du nicht hinaufgestiegen wärst, wärst du auch nicht heruntergefallen.
Wenn du meine Schwester geheiratet hättest, wärst du mein Schwager geworden.
Wenn man wäre, dann wäre man . . .
Wenn man täte, dann täte man . . .
Wenn man hätte, dann hätte man's gleich gewußt,
hätte den „Hätt-Ich" und den „Tät-ich" und den „Wär-ich" nicht vermißt.

Des is gemäänt:

Verpaßte Gelegenheiten werden bejammert!
Hier „hätte" ein Deutschlehrer ausgiebig Gelegenheit, den hochdeutschen Konjunktiv II mit der pfälzischen Möglichkeitsform zu vergleichen.

Hätt de Hund

KANON ZU 3 STIMMEN

Übersetzung:
Hätte der Hund nicht geschissen, hätte er den Hasen bekommen.

Des is gemäänt:
Ein dummer Hund, der anstatt den Hasen zu jagen, sich dem Geschäft des Kotens hingibt!
Der übertragene Sinn heißt, daß man sich bei der Verfolgung eines Zieles nicht ablenken lassen soll. Angewandt wird der Spruch, wenn einer aus Dusseligkeit sein Ziel nicht erreicht hat.

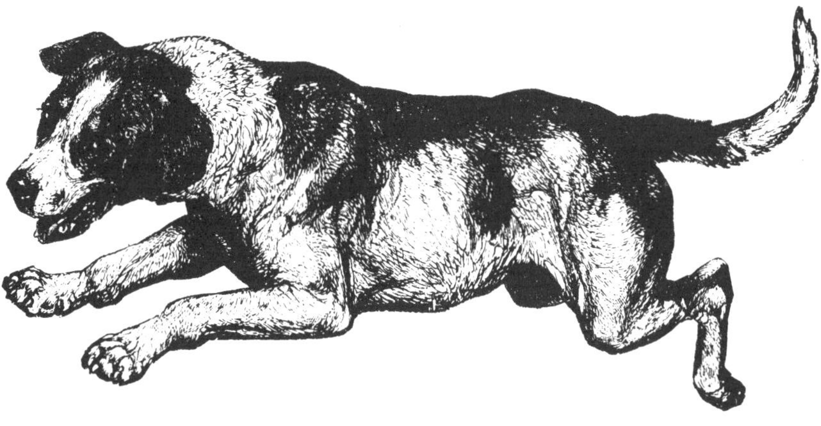

Wo Raach is

KANON ZU 6 STIMMEN

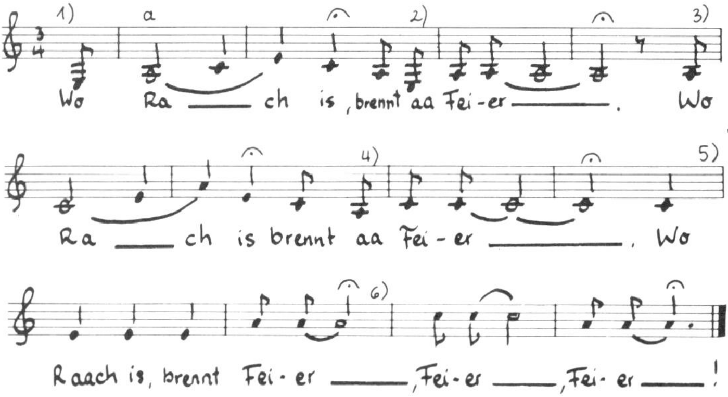

Übersetzung:
Wo Rauch ist, brennt auch Feuer.

Des is gemäänt:
Wo ein Gerücht im Umlauf ist, da muß auch was Wahres dran sein.

Wie ma(n) in de Wald

KANON ZU 8 STIMMEN

Übersetzung:
Wie man in den Wald hineinruft, so schallt's wieder heraus.

Des is gemäänt:
Nach dem Motto „Wie du mir, so ich dir"!
Wenn wir einen Menschen in einem unwirschen Ton ansprechen, wird er uns in einem unwirschen Ton antworten.

Es kummt nix schneller

KANON ZU 3 STIMMEN

Übersetzung:
Es kommt nichts schneller zusammen als kleine Kinder, schmutzige Wäsche und Schulden.

Deutung überflüssig!

Vorm Abtritt

KANON ZU 4 STIMMEN

Übersetzung:

Vor dem Klosett in die Hosen geschissen!
Man hat's nicht leicht, aber leicht hat's einen.
Jetzt hockst du da wie die Butter in der Sonne.

Des is gemäänt:

Mit „Abtritt“ war ursprünglich die Toilette nach französischem Muster gemeint: eine Platte mit Loch über der Jauchegrube, rechts und links des „Kackloches“ eine Vertiefung, in der die Füße Halt finden sollten, wenn die Platte etwas schlüpfrig sein sollte. Auf dem Lande wird auch heute noch das WC „Abtritt“ genannt.
Eine wahre Geschichte: Da kehrte eine Gruppe Jugendlicher von einer Radtour durch den Pfälzerwald zurück. Die alten Drahtesel hatten sich recht zuverlässig gezeigt, doch vor der Hofeinfahrt bricht die Gabel eines Rades. Verdutzt findet sich der Radler auf dem Pflaster wieder und ruft: „Vorm Abtritt in die Hosse g'schiß!“
Übertragener Sinn: Wir haben ein Ziel so gut wie erreicht, da macht uns das Schicksal einen Strich durch die Rechnung. Auch hier: Leicht hat's einen erwischt! Alles zerfließt wie Butter in der Sonne.

Ja! Mölschbach

KANON ZU 3 STIMMEN

Übersetzung:
Mölschbacher Füße und Pariser Schühchen!
Jetzt steht sie da wie ein Sack voller Kuhhörner!

Des is gemäänt:
Der Spruch wird angewandt beim Anblick einer Frau, die offensichtlich zu kleine Schuhe trägt oder zu enge. Sie hat Schwierigkeiten zu gehen und zu stehen, steht plump da. Übertragener Sinn: Suche jeder, was zu ihm paßt!

Mölschbach ist ein Dorf bei Kaiserslautern. Die Mölschbacher Frauen trugen in alter Zeit ihre Waren (Pilze, Beeren, . . .) in Körben auf dem Kopf 14 km auf den Markt.

Mach kä Visamatente

KANON ZU 4 STIMMEN

Übersetzung:
Mach keine Floskeln! Immer hast du Fürze im Kopf. Die sind ja keinen Schuß Pulver wert, sind nichts als Fürze mit Krücken.

Des is gemäänt:
Die interessante etymologische Vergangenheit des Begriffes VIS-A-MA-TENTE stammt aus der „französischen Besatzungszeit“, die es in der Pfalz zu verschiedenen Zeiten gab. So forderten die jungen Franzosen die Pfälzer Mädchen auf, sie in ihrem Zelt zu besuchen, weshalb die Eltern ihre Töchter vor Verlassen des Hauses ermahnten: Mach keine Visamatenten! Angewandt wird der Ausspruch, wenn jemand sich ziert oder seine Mitmenschen mit aufdringlichem oder überflüssigem Getue nervt. „Fürze im Kopf“ sind dumme Gedanken, so ohne Substanz, daß sie sich nur „auf Krücken“ fortbewegen können.

Allo!
Jetzt machen
kää
Visamatente!

Uff ääm Bää

KANON ZU 3 STIMMEN

Übersetzung:
Auf einem Bein kann man nicht gehn. Wer A sagt, muß auch B sagen.
Doppelt genäht hält besser.

Des is gemäänt:
Drei sinnverwandte Sprüche, die man z. B. anwendet, wenn jemand einen Schnaps getrunken hat und man möchte ihn animieren, einen zweiten Schnaps zu trinken.

Du bisch unser beschtes

KANON ZU 3 STIMMEN

Übersetzung:
Du bist unser bestes Stück (Vieh) im Stall.
Da wird nicht lange „Geschiß“ (Umstände) gemacht und
du mußt einfach „sein“ (eine Sache in die Hand nehmen).

Des is gemäänt:
Abzählreim, den auch Erwachsene anwenden können, wenn es gilt, jemanden mit einer Sache zu beauftragen.

Ehr Leit, uff die Bääm

KANON ZU 8 STIMMEN

Übersetzung:
Ihr Leute, auf die Bäume! Die Pfälzer kommen. Man hört sie schon von Weitem: Pfälzer Krischer! (von kreischen). Die Gurgel ist frisch geschwenkt.

Des is gemäänt:
Die Pfälzer, deren Sprechlage nie in der Resonanz wie beim Norddeutschen ist, sind als Schreihälse verschrien, besonders, wenn sie in größeren Gruppen beisammen sind und womöglich noch vom Wein angeregt.

Berg nunner

KANON ZU 8 STIMMEN

Übersetzung:
Bergab helfen alle Heiligen und bergauf hilft kein Teufel.

Des is gemäänt:
Im übertragenen Sinne heißt es, daß man bei großen Schwierigkeiten von keiner Seite Hilfe zu erwarten hat.

Do guck emol

KANON ZU 4 STIMMEN

Des is gemäänt:
Hier wird ein an Magersucht leidendes Mädchen verhöhnt.

Übersetzung:
Da guck einmal hin! Die Annemarie, die ist so fett wie die Geiß am Knie. Die kann den Bock zwischen den Hörnern küssen. Wer's weiß, wird's wissen! So eine dürre Geiß ist noch lang kein schlankes Reh. O „Minchen Gladbach"! Hinten dürr und vorne mager! Und ihre Brüstchen, ach herrje! Zwei Linsen auf ein Brett genagelt!

Des do war mol in Nürnberg
(Bardenfestival)

Die gute Gedanke

KANON ZU 3 STIMMEN

Übersetzung:
Die guten Gedanken und die lahmen Enten kommen immer hinterher.
Aber ein halbes Ei ist besser als eine leere Schale.

Des is gemäänt:
Sprüche, mit denen man sich selbst trösten kann, wenn einem eine Sache nicht so gelungen ist, wie man es erhoffte bzw. wenn man erst hinterher erkennt, wie man es hätte besser machen können.

Du hasch's bei mer

KANON ZU 4 STIMMEN

(Jede Gruppe singt bis zum Ende durch)

Übersetzung:

Du hast sie bei mir im Salz liegen. Ich habe dir den kleinen Finger gegeben, jetzt willst du die ganze Hand haben. Steig mir jetzt den Buckel rauf oder rutsch mir jetzt den Buckel runter!
Blas mir mal den Hobel aus und küß mich am Ellenbogen!
Mit dir ist nicht gut Kirschen essen. Mach dich aus dem Staub!

Des is gemäänt:

Jemand, dem wir geholfen haben, hat uns maßlos enttäuscht, indem er unsere Güte auszunutzen im Begriff ist. Wir bedeuten dem Betreffenden, daß wir die Beziehungen zu ihm total abbrechen.

’s sin G’schmacksache

KANON ZU 4 STIMMEN

Übersetzung:
Es sind Geschmackssachen, hat der Affe gesagt, und hat in die Seife gebissen.
Die Geschmäcker sind verschieden, wie im Essen, so im Lieben.

Des is gemäänt:
Mit diesen Sprüchen wird jemand verspottet, der entweder geschmakklos gekleidet ist oder der ein „unmögliches“ Menu zusammengestellt hat, um es mit Appetit zu verspeisen.

Ich glab, du hasch

KANON ZU 8 STIMMEN

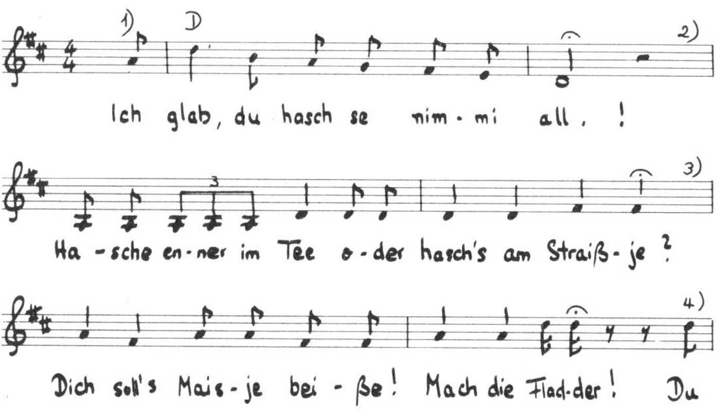

Übersetzung:
Ich glaube, du hast sie nicht mehr alle (Tassen im Schrank).
Hast du einen im Tee oder einen am Sträußchen?
Dich soll das Mäuschen beißen.
Mach die Flatter (flieg fort)!
Du kannst mir die Gänse pennen.
Ich bin nicht hinten „hott“ (Fuhrmannsprache).
Steig mir den Buckel rauf oder rutsch ihn mir runter! Guck, dort hat der Zimmermann das Loch (die Tür!) gelassen. Jetzt geh und mach die Tür von außen zu.
A-Dieu!

Des is gemäänt:
Einem Menschen, der entweder verrückt oder besoffen („im Tee“ Rum) ist, bedeutet man, daß er sich entfernen soll.

Die ganz Innung

KANON ZU 4 STIMMEN

Übersetzung:
Die gesamte Innung ist blamiert. Alter „Dollbohrer"! Dich soll die Kröte zwicken. Überzwerche Saustalltüre! Krieg die „Kränk", Spatzennest! Es ist alles Bruch und „Dalles".

Des is gemäänt:
Beschimpfung eines Mannes, der in einem Team „Mist gebaut" hat. Die gesamte Arbeit ist verdorben, alle Mühe umsonst.

Ehstand - Wehstand

KANON ZU 6 STIMMEN

Übersetzung:
Ehestand - Wehstand!
Man macht was mit, bis man Großmutter ist!

Des is gemäänt:
Häufig zu hörendes Jammern verheirateter Frauen.

E leerer Sack

KANON ZU 5 STIMMEN

Übersetzung:
Ein leerer Sack bleibt nicht stehn. Und wenn ein Mastschwein erst 'mal fett ist, dann frißt es nur noch eine Kaffeetasse voll. Warum soll's bei „Specknabelmenschen" nicht ebenso sein !

Des is gemäänt:
Viele überernährte Menschen behaupten, weniger als Menschen mit normaler Figur zu essen. Es sei nur ihre Veranlagung am Übergewicht schuld. Solchen Menschen sagt man, daß man einen Sack erst mal füllen muß, damit er stehen bleibt, so wie sie erst mal ihren Bauch füllen mußten. Ist die Speckschicht erst mal da, dann hält sie sich, auch wenn die Nahrungszufuhr jetzt gedrosselt wird.

Freß die Hälfs!

Kummt ma(n) iwwer

KANON ZU 3 STIMMEN

Übersetzung:
Kommt man über den Hund, kommt man auch über den Schwanz.

Des is gemäänt:
So sagt der Pfälzer, wenn er ein Projekt zum großen Teil beendet hat, aber noch eine letzte Anstrengung riskieren muß, zum Beispiel noch eine letzte Investition.

Zum Geburtstag

KANON ZU 4 STIMMEN

Übersetzung:
Zum Geburtstag gratulieren wollen wir dir, Liebe(r) XX. Laß dir Heil und Segen wünschen, hab noch manches frohe Stündchen in einer langen Lebenszeit vor der ewigen Seligkeit. Das Geburtstagskind soll leben hoch!

Liewer XX

KANON ZU 4 STIMMEN

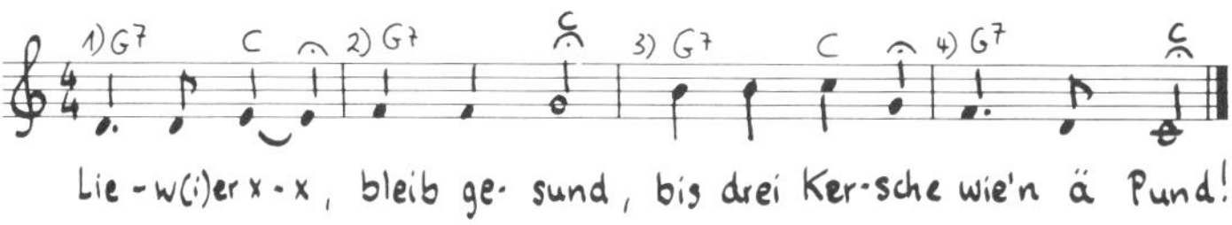

Übersetzung:
Liebe(r) XX, bleib gesund, bis drei Kirschen wiegen ein Pfund.

Dumm gebor

KANON ZU 3 STIMMEN

Übersetzung:
Dumm geboren und nichts dazu gelernt und die Weisheit nicht mit dem Löffel gegessen, aber: ein schielendes Huhn findet auch mal ein Körnlein.

Des is gemäänt:
Mit diesen Spüchen kann man sich selbst trösten, wenn man etwas falsch gemacht hat. Sie sind zugleich Entschuldigung und Hoffnung auf Erfolg.

De Appel fallt

KANON ZU 5 STIMMEN

Übersetzung:
Der Apfel fällt nicht weit vom Stamm . . .

Des is gemäänt:
Volkstümliche Vererbungslehre! Sie besagt, daß Kinder oft die Verhaltensweisen ihrer Eltern übernehmen.

Wer zuletzt lacht...

KANON ZU 3 STIMMEN

Me g'schenkte Gaul

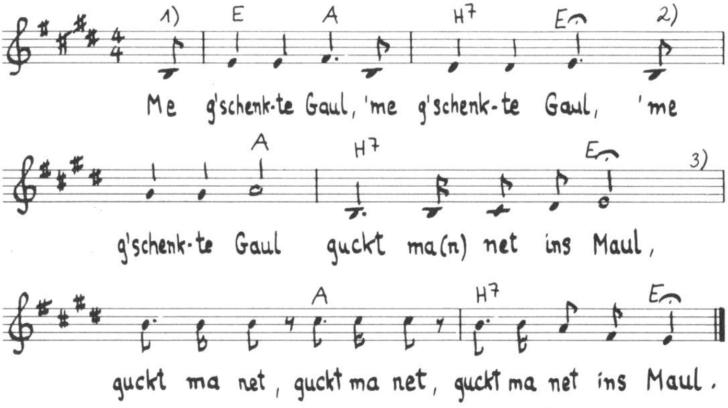

Übersetzung:
Einem geschenkten Gaul guckt man nicht ins Maul.

Des is gemäänt:
Das Gebiß eines Pferdes verrät sein Alter. Beim Pferdekauf prüft der Käufer das Gebiß des Pferdes, doch ein geschenktes Pferd darf ruhig schon alt sein. Übertragen bedeutet es, daß etwas Geschenktes fehlerhaft sein darf, da es ja dennoch einen Wert besitzt.

Jetzt hat er dehäm

KANON ZU 4 STIMMEN

Übersetzung:
Jetzt hat er daheim das irdene Geschirr und hätte lieber das Porzellan, sagt er.
Gassenengel / Hausteufel!
Ehstand / Wehstand!
Lieber nichts und so ins Bett!
Lieber eine Perlenkette als einen Kerl im Bett!

Des is gemäänt:
Wenn ein jung verheirateter Mann von seinem „irdenen Geschirr“ zu Hause spricht, meint er seine Ehefrau, und mit dem Porzellan meint er die attraktiven Frauen, die ihm besser gefallen, die aber jetzt für ihn tabu sind. Solch ein Ehemann betet jede „Porzellantasse“ auf der Straße an und verachtet das, was er zu Hause hat. Er ist für andere Frauen ein „Engel“, so freundlich und aufmerksam, für die eigene Frau aber ein Teufel: unwirsch, lieblos. Für die Ehefrau wird so der Ehestand zum „Wehstand“ und sie denkt sich manchmal, wenn der Alte nebenan im Bett schnarcht: Läg ich doch allein wie ehedem! Lieber hätte ich mir eine Perlenkette gekauft als eine Aussteuer! Was hab' ich nun davon!

Wo Glaube, Liebe

KANON ZU 3 STIMMEN

Übersetzung:
Wo Glaube, Liebe und Ordnung herrschen, da wird den ganzen Tag gebürstet.

Des is gemäänt:
Trifft man eine Hausfrau mitten im Hausputz, so kann man ihre Leistung mit obigem Spruch anerkennen und ethisch untermauern.
Im übertragenen Sinne heißt BÜRSTEN aber auch noch „Alkohol konsumieren". Ein Trinker wird mit diesem Spruch verhöhnt.

Ich un die Liesl Ott in de
Liesl ihrm Garde in Zwäbriche

So schnell wie

KANON ZU 5 STIMMEN

Übersetzung:
So schnell wie der Hund mit der Wurst wie der Wind um den Eckstein springt . . .

Des is gemäänt:
Zungenbrecher-Wortspielerei oder aber auch anwendbar, wenn ein Mensch mit großer Geschwindigkeit um eine Ecke kommt.

Du willsch mer was

KANON ZU 4 STIMMEN

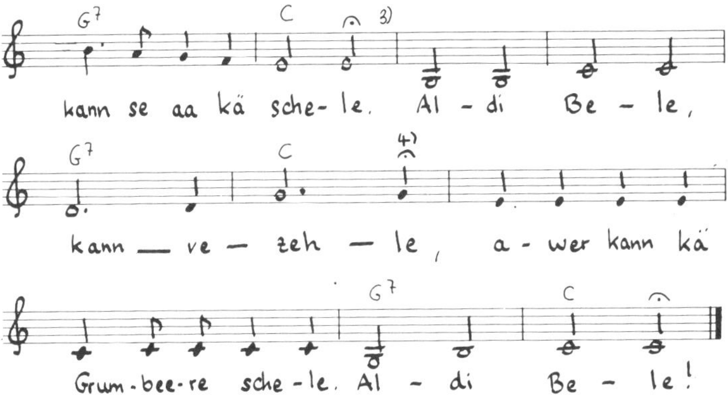

Kinderreim

Übersetzung:
Du willst mir was erzählen von der alten Bele.
Wenn die Alte keine Kartoffeln hat,
kann sie auch keine schälen.
Die alte Bele kann erzählen,
aber sie kann keine Kartoffeln schälen.

Kumm ich heit net

KANON ZU 3 STIMMEN

Übersetzung:
Komm ich heute nicht, komm ich morgen!

Des is gemäänt:
So verspottet man einen Nachzügler.

Weil der Karl die Anni liebt
der Peter Schützenhilfe gibt!
Trifft der Karl daneben –
hat sie der Peter eben!

Quack-Quack-Quack

KANON ZU 4 STIMMEN

Übersetzung

Quack, quack, quack,
sieben Eier sind gebacken,
sieben Soren (≙ Schwestern),
sieben Sumach (≙ Zweige)
Gutes Haus, die Engelchen gucken zum Fenster heraus.

Des is gemäänt:

„Pfingstquack", der noch in einem Gewand aus siebenerlei Zweigen durch manches pfälzische Dorf zieht und Geld oder Eier geschenkt bekommt, ist heidnischen Ursprungs. In der Regel sagen die Menschen (meist Kinder) die alten Texte auf, ohne zu wissen, was die Worte bedeuten, von der alten Symbolik ganz zu schweigen. In heidnischer Zeit galt der Pfingstquack als DER GRÜNE, eine Frühlings- und Fruchtbarkeitsgottheit.

Wer langsam reit'

KANON ZU 4 STIMMEN

Übersetzung:
Wer langsam reitet, kommt grade so weit, er braucht nur etwas länger Zeit.

Wer im Glashaus hockt

KANON ZU 4 STIMMEN

Übersetzung:
Wer im Glashaus sitzt, soll nicht mit Steinen werfen.

Du kummsch doher

KANON ZU 4 STIMMEN

Übersetzung:
Du kommst daher wie der Hund der (Familie) Bumb.
Das Muster von der Hintertür! Klebrige Stachelbeere!
Schneegans! Ausgemusterte Grete! Musketendonner!
Halb-Chaise! Spinatwachtel! Laufbüchse! Schleiereule!
Mach dich aus dem Staub!

Des is gemäänt:
Beschimpfung einer unmöglich zurechtgemachten Frau.

’s is Fasnacht

TRAD.

Übersetzung:

Es ist Fastnacht. Die Pfanne kracht (das heiße Fett!), die Küchlein (Berliner!) sind gebacken.
Heraus damit! Ich steck sie in meinen Sack.
Und wenn meine Mutter keine Küchlein bäckt, dann pfeif ich auf die Fastnacht.
Es ist Fastnacht, die Pfanne kracht,
da schlachtet mein Vater einen Bock.
Da tanzen wir, da tanzen wir,
da wackelt mir mein Rock.
Ich hab noch keinen Rock gehabt,
der soo schön gewackelt hat
(wie mein jetziger).

Altes Tanzlied *für Fastnacht, das auch von Kindern gesungen wird, die von Haus zu Haus gehen und Berliner betteln.*

2.) 'S is Fasnacht, die Pann kracht.
Do schlacht mei Vadder e Bock.
Do danze mer, do danze mer,
do wackelt mer mei Rock.
Ich han jo noch kä Rock gehatt,
der wo so schä gewackelt hat.
'S is Fasnacht, die Pann kracht.
Do schlacht mei Vadder e Bock.

Gerast - Gedobt

TRAD.

Übersetzung:
Gerast! Getobt
wie der Teufel in der Hölle!
Ännchen! Sännchen!
Zigarren!

Altes Necktanzliedchen, *das bis zur Mitte unseres Jahrhunderts auf jedem Fasnachtsball mindestens einmal gespielt und gesungen wurde!*

Gerast - Gedobt

KANON ZU 3 STIMMEN

Des do war jetzt de Kanon!

Hot die Paar Bää

Übersetzung:
Hat die ein Paar Beine!
Die Knie schlagen Funken!
Mölschbacher Füße und Pariser Schühchen!
Was tun wir jetzt? Jetzt tun mir die Füße weh.

Des is gemäänt:
Hier wird eine Frau mit X-Beinen und zu engen Schuhen veräppelt.
Für O-Beine gilt folgende Version:
. . . da rollt ein Faß durch . . .

Änne denne daze

KANON ZU 3 STIMMEN

Übersetzung: (Abzählreim)
Änne denne Daze (um des Reimes auf „Warzen" willen!),
die Alte hat das Gesicht voller Warzen.
Änne denne Dorz (wie oben, allerdings soll man sich „Furz" denken)
Ihr Alter läßt einen Drachen (!) steigen.
Die Schnur ist leider viel zu kurz.

Des is gemäänt:
Spaß an zweideutiger Sprachspielerei!

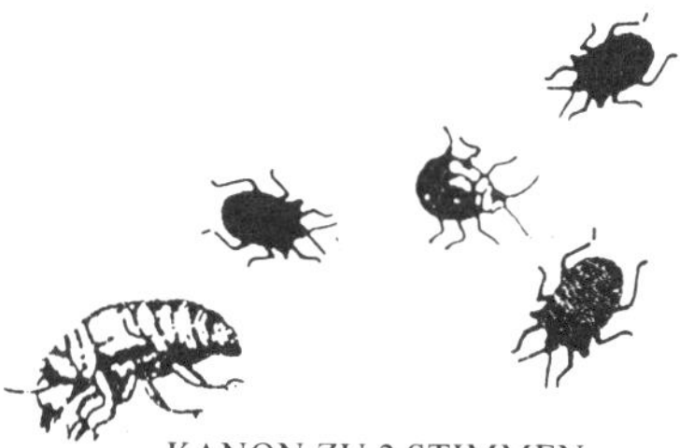

Mer is heit e Laus

KANON ZU 2 STIMMEN

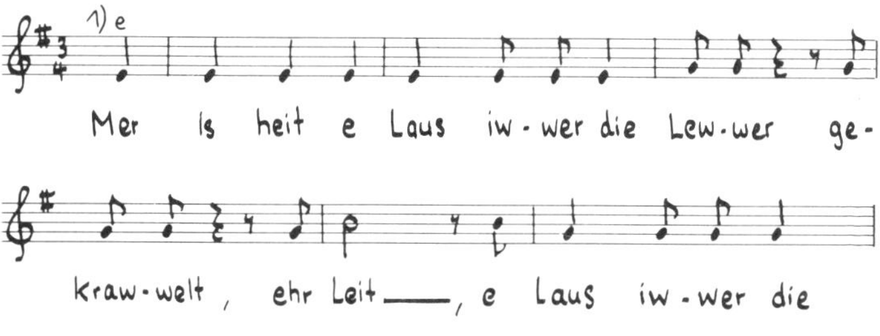

Übersetzung:
Mir ist heute eine Laus über die Leber gekrabbelt, ihr Leute.

Des is gemäänt:
Man ist in keiner guten Verfassung.

Wer de Papscht

KANON ZU 3 STIMMEN

Übersetzung:
Wer den Papst zum Vetter hat, wird Kardinal.

Des is gemäänt:
Wer einflußreiche Beziehungen hat, wird bei Beförderungen berücksichtigt. Das ganze nennt sich „Vetterleswirtschaft".

Ausm Grind grawwelt

KANON ZU 4 STIMMEN

Übersetzung:
Aus dem Grind (=Hautschorf-krankheit) krabbelt die Laus. Ist die Laus aber aus dem Grind herausgekrabbelt, wird sie frech, lausfrech!

Des is gemäänt:
Diese Volksweisheit besagt, daß man einem Menschen aus schwierigen Verhältnissen herausgeholfen hat, und kaum geht es ihm besser, wird er übermütig und überheblich.

Alles is vergänglich

KANON ZU 4 STIMMEN

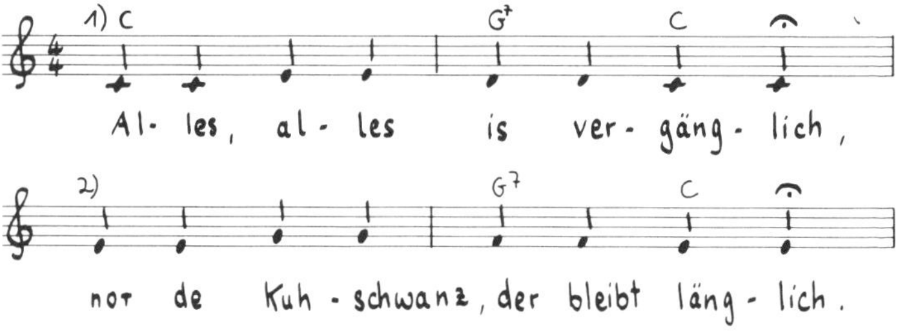

Übersetzung:
Alles ist vergänglich, nur der Kuhschwanz, der bleibt länglich.
Stell dich auf den Kopf und wackle mit den Beinen!
Ach, was ist die Puppe so schön!

Des is gemäänt:
Beim Anblick einer besonders schönen oder schön aufgemachten Frau erinnert dieser Reim an die Vergänglichkeit der irdischen Schönheit.

Große Hunde

KANON ZU 4 STIMMEN

Übersetzung:
Wenn man mit den großen Hunden pissen geht, kriegt man das Bein nicht hoch.

Des is gemäänt:
Wenn man nur ein geringes Einkommen hat, sollte man nicht in Kreisen verkehren, in denen Geld keine Rolle spielt.

Uns kann käner

KANON ZU 4 STIMMEN

Übersetzung:
Uns kann keiner (etwas wollen)! Wir haben keinen Dreck am Stekken. Wir lassen auch die Kirche im Dorf und wir hocken keinem Bauern im Kraut(acker).

Des is gemäänt:
Anschauliche Beteuerung der eigenen Unschuld und Lauterkeit, der eigenen Bescheidenheit und Rücksichtnahme.

Also, wann Du misch froosch Ich bin kää Rad= fahrer

Radfahrer

KANON ZU 5 STIMMEN

Übersetzung:
Radfahrer fahren. Nach oben tun sie „buckeln", nach unten tun sie „treten", tun alles vertuschen und können auch scheinheilig beten.
Sie machen „krumme" Touren, verstellen alle Uhren.
Aber in der letzten Tüte findet sich alles.

Des is gemäänt:
Mit „Radfahrer" wird ein Mensch bezeichnet, der seinen Vorgesetzten gegenüber unterwürfig ist und seinen Untergebenen gegenüber rücksichtslos. Ein Mensch ohne Charakter, der gewissenlos seinen Vorteil sucht mit allerlei Heimlichkeiten und suspekten Unternehmungen. Aber: Irgendwann ereilt ihn das Schicksal.

Mensch merk der

KANON ZU 4 STIMMEN

Übersetzung:
Mensch, merk dir das:
Und ist das Unglück noch so groß,
es hat immer noch ein Glück im Schoß.

Geld macht net

KANON ZU 4 STIMMEN

Übersetzung:
Geld macht nicht glücklich, aber es beruhigt (Es sei denn, man hat Angst vor Dieben . . .)

Guck net so

KANON ZU 3 STIMMEN

Übersetzung:
Guck nicht so wie der Gockel, wenn es blitzt.
Wie die Kuh vor dem neuen Scheunentor stehst du da.
Man muß halt wissen, wie man die Geiß führt.

Des is gemäänt:
So wird ein unbeholfener Mensch verhöhnt, der hilflos einer Situation gegenübersteht.

Greif mo(l)

KANON ZU 3 STIMMEN

Übersetzung:
Greif mal einem Nackten in die Tasche!
Wo nichts ist, hat der Kaiser das Recht verloren.
Lumpenchor!

Des is gemäänt:
So bedeutet man einem Gläubiger, daß er von seinem Schuldner nichts zu erwarten hat, der zum „Lumpenchor“ gehört (Schimpfname für Asoziale).

Uffm Gewwel iwwer de Gasse hocke die Daube ...

De Spatz in de Hand

KANON ZU 4 STIMMEN

Übersetzung:
Der Spatz in der Hand ist besser als die Taube auf dem Dach.

Variation:
Die Stumme im Bett ist besser als die Taube auf dem Dach . . .

Des is gemäänt:
Trost, wenn ein Geschäft nicht so ausgegangen ist, wie man es sich erhoffte.

Es Geld regiert

KANON ZU 2 STIMMEN

Übersetzung:
Das Geld regiert die Welt und der Knüppel den Hund.

Des is gemäänt:
Geld bedeutet Macht, und die Mächtigen setzen immer ihren Willen durch, auch in den Gesetzen, und der Bürger muß sich fügen, sonst kriegt er den „Knüppel" des Gesetzes zu spüren.

Klävieh macht aa Mischt

KANON ZU 3 STIMMEN

Übersetzung:
Kleinvieh macht auch Mist,
und Geld stinkt nicht.
Und weil die Geiß so mager ist,
darum ist ihre Milch fett.

Des is gemäänt:
Die Sprüche finden Anwendung auf Menschen, die mühsam ein kleines Vermögen zusammensparen. Sie sparen sich's auch am Mund ab.

's is nix so fei

KANON ZU 2 STIMMEN

Übersetzung:
Es ist nichts so fein gesponnen:
Es kommt alles an die Sonne.
Da beißt keine Maus einen Faden ab.

Des is gemäänt:
Alle dunklen Machenschaften kommen irgendwann ans Licht. Das ist sicher.

Du kannsch de Bock

KANON ZU 10 STIMMEN

Übersetzung:
Du kannst den Bock zwischen den Hörnern küssen.
Hinten dürr und vorne mager!
Iß, daß du ein Kerl gibst,
ein Kerl wie der „Erl“,
und der war ein Kerl.

Des is gemäänt:
So versuchen Eltern ihr Kind zum Essen zu animieren.

Ich – mit meiner Tante Selma aus Amerika un mit meiner Mudder.

Heile heile Sege

KANON ZU 4 STIMMEN

Übersetzung:
*Heile Segen! Morgen gibt's Regen, übermorgen Schnee.
Es tut nicht mehr weh.*

Des is gemäänt:
So singt die Mutter, wenn sich das Kind weh gemacht hat. Dabei streicht sie über die schmerzende Stelle, und zuletzt muß sie noch drauf blasen.

Hinners Hannese

KANON ZU 4 STIMMEN

Übersetzung:
Hinter dem Kaninchenstall („Hasenhaus") der (Familie) Hans hängen hundert Hosen heraußen (zum Trocknen auf der Wäscheleine).

Des is gemäänt:
Der Stabreim wird als Wettspiel benutzt: Wer kann am schnellsten und am häufigsten ohne Fehler den Vers wiederholen!

Hirsch heißt mein

KANON ZU 3 STIMMEN

Übersetzung:
Hirsch heißt mein Vater
und grün scheißen die Gänse.
Die Gänse scheißen grün und
Hirsch heißt mein Vater.

Kinderreim und Zungenbrecher!
Der Spaß besteht natürlich darin, daß der Neuling versteht: Hier scheißt mein Vater.

Schlappe hat de Hut

KANON ZU 6 STIMMEN

Übersetzung:
Der Schlappen
hat den Hut verloren.
Wer hat ihn?

Pfänderspiel!
Weit verbreitet und sehr beliebt! Es geht dabei um Zahlen und Schnelligkeit in der Reaktion.

Lirum Larum

KANON ZU 4 STIMMEN

Übersetzung:
Lirum, Larum, Löffelstiel, alte Weiber essen viel.
Junge müssen fasten. Das Brot liegt im (Brot-)Kasten.
Das Messer liegt daneben.
Wer essen will, muß beten.
Essen und Trinken hält Leib und Seele zusammen.

Des is gemäänt:
Kinderreime, die erklären, warum alte Frauen nicht mehr auf ihre Linie achten müssen im Gegensatz zu jungen, denn sie haben darauf zu achten, daß ihr Leib noch ein Weilchen mit der Seele vereinigt ist. Sie haben noch Freude am irdischen Dasein. Zugleich sollten Kinder um das tägliche Brot beten.
Die uralten Worte „Lirum/Larum" sind ein Überbleibsel aus der Römerzeit, in der man auch den „LAREN", den Geistern der verstorbenen Vorfahren, vom täglichen Brot opferte.

Änne denne dorz

KANON ZU 3 STIMMEN

Übersetzung:
Änne denne dorz
(um des Reimes willen!!)
Der Vater läßt einen
Drachen steigen,
die Schnur ist viel zu kurz.

Abzählreim

Mei Orgelpfeife!

Wann eier Bankert

KANON ZU 2 STIMMEN

Übersetzung:
Wenn euer Bankert unseren Bankert noch einmal Bankert schmipft, schimpft unser Bankert eueren Bankert solange Bankert, bis euer Bankert unseren Bankert nicht mehr Bankert schimpft.

Des is gemäänt:
Ursprünglich verstand man unter „Bankert“ ein uneheliches (nicht im Ehebett gezeugtes) Kind, doch längst wird dieses weitverbreitete Pfälzer Schimpfwort auf Lausbuben aller Kategorien angewandt.

Kinderreim und Zungenbrecher!

Ich un du

KANON ZU 4 STIMMEN

Übersetzung:
Ich und du und Müllers Kuh und Müllers Esel . . . der bist du!

Abzählreim

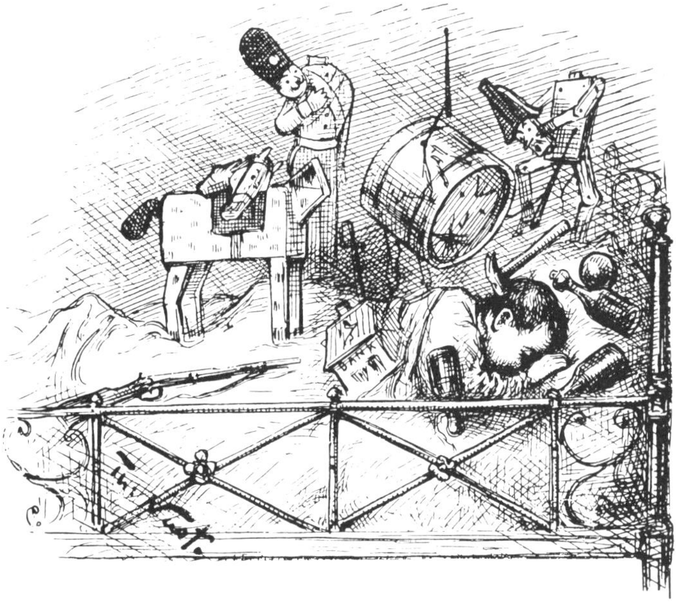

Belzenickel

TRAD.

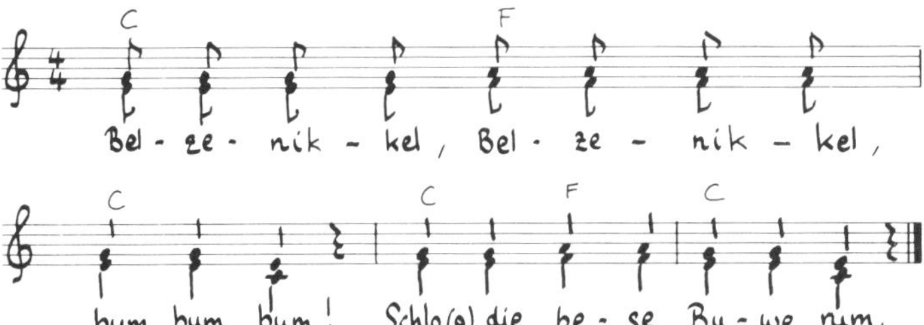

Pelznickel . . . schlag die bösen Buben rum!

Kinderlied *für die Weihnachtszeit*

Chrischtkinnel

TRAD.

Übersetzung:
Christkindlein, komm in unser Haus!
Leer dein goldenes Säcklein aus!
Stell deinen Esel unter den Tisch,
daß er Heu und Hafer frißt.
Heu und Hafer frißt er nicht.
Zuckergebackenes kriegt er nicht.

Weihnachtliches Kinder-Brauch-Lied

KANON
ZU 6 STIMMEN

E Elefant

Übersetzung:
Ein Elefant von Rockenhausen (pfälzisches Kreisstädtchen) läßt einen Furz durchs Telefon sausen.

Des is gemäänt:
Der Abzählreim wird von Kindern benutzt, die z. B. Versteck spielen wollen und einen ermitteln, der „zuhält", d. h. der die anderen, nachdem er sich während des Versteckspielens die Augen zugehalten hat, suchen geht.
Meist wird noch ergänzt: „Ibbe dibbe dab und du bist 'ab'. 'Ab' bist du noch lange nicht. Sag mir erst, wie alt du bist!" Jetzt muß das betreffende Kind sein Alter sagen, worauf entsprechend weiter „abgezählt" wird.

Hoppe hoppe Reiter

TRAD.

Altes „Brauchlied" für den Hausgebrauch!

Wenn der Papa das Kind auf den Knien reitert, dann singt er:
Hoppe, hoppe, Reiter,
wenn er fällt, dann schreit er.
Fällt er in den Graben,
fressen ihn die Raben.
Fällt er in den Dreck:
Bums, ist er weg.

Hoppsa Lißje

TRAD.

Übersetzung:
Hoppsa, Lieschen, tanz ein biß-chen!
Mutter, ich habe keine Schuhe!
Zieh deine alten Schläppchen an
und tanz die Löcher zu!

Altes Kinder-Tanzlied

Danze duh ich mei Lebdag aarisch gern!

Prost Neijohr

KANON ZU 2 STIMMEN

Alter Neujahrsspruch:
Prost Neujahr!
Eine Brezel wie ein Scheunentor!
Ein Lebkuchen wie eine Ofen-platte!
Da werden wir alle miteinander satt.

Ich wass was ich wass

KANON ZU 3 STIMMEN

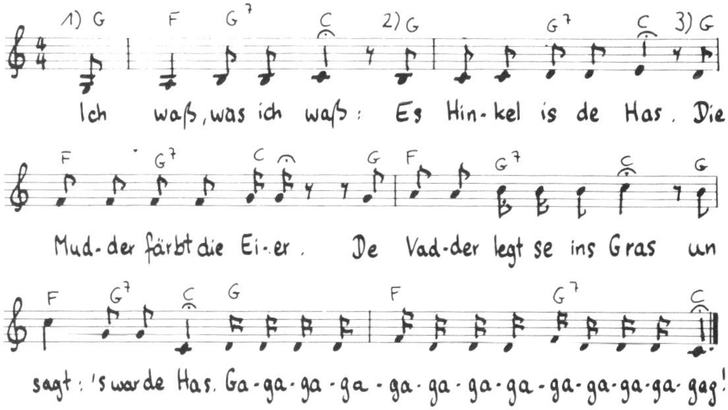

Übersetzung:
Ich weiß, was ich weiß: Das Huhn ist der (Oster-)Hase.
Die Mutter färbt die (Oster-)Eier, der Vater legt sie ins Gras und sagt: „'s war der Hase."

Des is gemäänt:
Der Vers wird von Kindern gesungen, die ihren Kinderglauben abgelegt haben, weil sie „aufgeklärt" sind.

Bleib mer eweg

KANON ZU 6 STIMMEN

Übersetzung:
Bleib mir weg mit jener, welche den Kopf voller Locken hat und den Hintern voller Geschwüre.

Des is gemäänt:
Warnung vor einer gewissen Frauensorte.

Es war emol....

Uff jed Häbsche

KANON ZU 2 STIMMEN

Übersetzung:
Auf jedes Kochtöpfchen (hier: Hafen, Häfchen) paßt ein Deckelchen.
In einem alten Kapellchen kann man auch noch eine Messe lesen.

Des is gemäänt:
Trost für jeden Menschen, der noch keinen Partner gefunden hat: So wie für jeden Kochtopf ein Deckel da ist, so ist für jeden Menschen ein Partner da, auch für eine alte Frau . . .

Mädche, brenn der

KANON ZU 2 STIMMEN

Übersetzung:
Mädchen, brenn dir Locken, dann bleibst du auch nicht hocken!
Krumme Haare und gerade Beine: Ach was sind die Mädchen so schön.

Des is gemäänt:
Ein hübsch frisiertes Mädchen findet einen Freier, überhaupt, wenn es auch noch schöne Beine hat.

’s ränt dicke Trobbe

KANON ZU 4 STIMMEN

Übersetzung:
Es regnet dicke Tropfen. Die Buben muß man klopfen.
Die Mädchen muß man schonen wie die Zitronen.

Neckreim, *der besagt, daß man die Mädchen „drücken“ muß.*

Hannes Trawannes

KANON ZU 3 STIMMEN

Übersetzung:
Hannes, Trabant,
trag Wasser ins Haus!
Die Milch läuft über
und das Feuer geht aus.

Altes Necktanzlied:
Wenn in alten Zeiten die Pfälzer tanzten, dann sangen sie auch dabei. Ein sogenanntes „Ansingepärchen“ erfand immer neue Neckstrophen, alle sangen dann die Wiederholung als Kehrreim.

Brannteweigläsje

KANON ZU 2 STIMMEN

Übersetzung:
Branntweingläschen! Zuckerpapier! Mädchen, mach das Fenster auf, ich komm zu dir...
Mädelchen, Zuckerpuppe, goldiges Tierchen!

Des is gemäänt:
Erotische Anspielung auf volkstümliche Art!

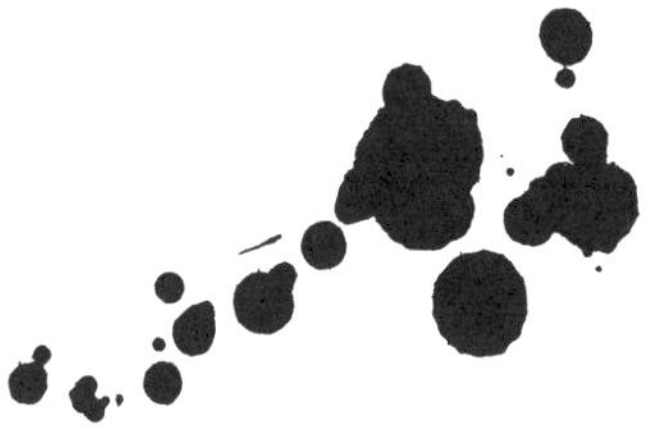

Herr Schmitt

KANON ZU 2 STIMMEN

Übersetzung:
Herr Schmitt, was bekommt Ihr Julchen (als Aussteuer) mit?
Einen Schleier und einen Federhut, der steht dem Julchen gar so gut.

Altes Tanzlied, *dessen Text ein Mädchen ohne Aussteuer verspottet.*

Lied vom Schmitt seim Hämmerche

TRAD.

Übersetzung:
Schmied, nimm dein Hämmerchen mit!
Hättest du dein Hämmerchen mitgenommen,
wärst du auch ins Kämmerchen gekommen . . .

Spottlied *auf einen verhinderten Liebhaber.*

Krotte un Frösch

KANON ZU 3 STIMMEN

Übersetzung:
Es gibt kein schöneres Tierchen als eine Kröte, weil sie kein Gehängsel hinten hängen hat.
Spitz (Hund!), komm raus! Beiß ihr in die Beine! Sie frißt den gesamten Salat ab und läßt die Strünke stehn.
Die Frösche sind ein lustiger Chor.
Man braucht sie nicht zu kämmen.
Sie haben ja gar keine Haare.

Des is gemäänt:
Ein Liedchen, das in lustiger Runde, besonders bei Wein und Bier, gesungen wird! Zeigt die immer noch lebendige Freude am Stabreim!

Hau dem Kater

KANON ZU 4 STIMMEN

Übersetzung:
Hau doch dem Kater den Schwanz ab!
Hau ihn aber nicht ganz ab!
Laß ihm noch ein Stümpfchen stehn,
daß er zu den Kätzchen gehen kann:

Des is gemäänt:
„Sauflied", das in froher Runde gegrölt wird und natürlich auch zweideutig ausgelegt werden kann.

Das verrufene Weib

TRAD.

Übersetzung:

Vor der Stadt draußen in einem Wirtshaus wohnt eine Frau namens Grete, hat ein „Schandmaul" (ist böse), hat ein Ratschmaul, hat ein Maul wie eine Trompete. Mit einem Eimer Wasser. . . Und einen Buckel hat das Luder und eine Warze im Gesicht, das gefällt mir nicht. Und die Nase, die steht zu weit nach links. . .

Sauflied!

Wem is die Kerb

KANON ZU 4 STIMMEN

Übersetzung:
Wem gehört die Kerbe (≙ Jahrmarkt)? Unser!
Wem gehören die Mädchen? Unser!
Bis an den „Brunser“, und der gehört auch noch uns.

Altes Brauchlied!
Dieses Lied, das die „Straußbuben“ stundenlang mehr brüllen als singen, hat seine Wurzeln im keltischen Mythos: Die Göttin des Ackerbaus und der Ehe, KER, ist eine Allegorie des weiblichen Genitals, welches einer KERBE gleicht. Das Fest KERBE, in Frankreich KERMESSE, war ursprünglich die HEILIGE HOCHZEIT oder das FEST DER ERSTEN ACKERFURCHE. Vor der Aussaat im Herbst vollzogen Bauer und Bäuerin in der frisch gepflügten Furche auf feierliche Weise den Geschlechtsakt als Symbolhandlung für Fruchtbarkeit.
Bei den Römern hieß KER „CERES“, davon Z. B. abgeleitet das englische CEREALS (≙ Getreide).

In de Palz geht de Parre

KANON ZU 6 STIMMEN

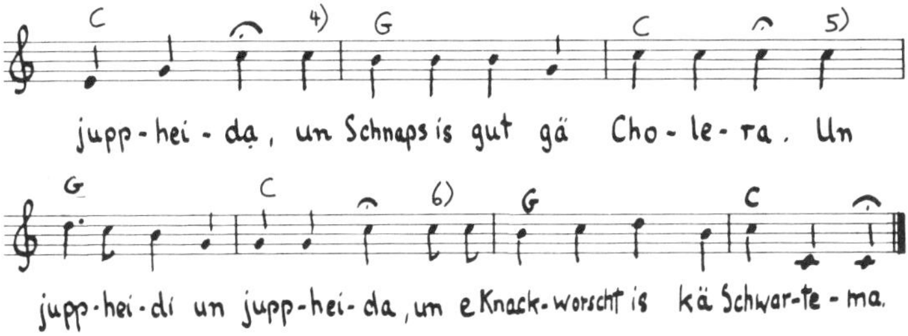

Übersetzung:
In der Pfalz geht der Pfarrer mit der (Tabaks-)Pfeife in die Kirche. Fröhliche Pfalz, Gott erhalte sie! Schnaps ist gut gegen Cholera. Eine Knackwurst ist kein Schwartenmagen.

Sauflied, *das zu vorgerückter Stunde gegrölt wird. Dabei trinken die Sänger prophylaktisch Schnaps und beteuern, daß sie immerhin noch Knackwurst von Schwartenmagen unterscheiden können.*

Un do noch emol e bißje annerscht!

In de Palz geht de Parre

KANON ZU 3 STIMMEN

Heit geh mer gar nimmi häm

TRAD.

Übersetzung

Heute gehen wir aber gar nicht mehr heim . . .
Bis die Alte Pfannkuchen bäckt und keinen schiefen Mund mehr macht . . .

Des is gemäänt:

Weit verbreitetes Sauflied, mit dem sich die Familienväter Mut antrinken und -singen, weil sie wissen, daß sie eigentlich längst zu Hause bei der Frau sein müßten, die vielleicht mit dem Essen auf sie wartet, die aber auf jeden Fall „ein schiefes Maul macht“, wenn der Vater aus der Kneipe heimkommt, was als Grund gilt, besser heute gar nicht mehr heimzugehen . . .

Stiwwel muß sterwe

TRAD.

Übersetzung:
Stiefel muß sterben,
ist noch so jung . . .
Wenn das der Absatz wüßte,
daß der Stiefel sterben muß . . .

Altes beliebtes Sauflied.

Juppheidi

KANON ZU 3 STIMMEN

Übersetzung:
Juppheidi und Juppheida!
Schnaps ist gut gegen Cholera.
Bratwurst ist keine Servelat
und Leberwurst kein Schwarte-
magen.
Juppheida und juppheidi!
Pfälzer Sprüche vergißt man nie.

„Servela(t)" is nadierlich aa e Worscht!

's letscht Wort

„Immer muscht du's letscht Wort han", hör ich meine Mutter im Geiste schimpfen, wenn ich statt eines PROLOGES einen EPILOG schreibe.

Die Frage, warum ich alte Pfälzer Spruchweisheiten zu Kanons verarbeitet habe, ist leicht zu beantworten. Genau wie altes Brauchtum sind sie landauf-landab vom Aussterben bedroht. Und so wie man Bilder aus früherer Zeit betrachten kann, so kann man die aus dem Sprachgebrauch verschwundenen Redewendungen als Kanons singen; als Kanons sind sie gleich mehrstimmig, und man benötigt zur Interpretation kein Begleitinstrument, nur mehrere Sänger, was gemeinschaftsfördernd wirkt.

Gesammelt und aufgeschrieben hat die Sprüche meine Mutter, weil sie weiß, daß sie bei mir wie Samen in fruchtbare Erde kamen; so wie in den 60er Jahren die alten Pfälzer Mundartlieder, die mir von verschiedenen Menschen zugetragen wurden, besonders von Dr. Fritz Braun, dem langjährigen Leiter der „Heimatstelle Pfalz".

Ein Hauch von Wehmut über die Vergänglichkeit im allgemeinen wie im besonderen ist freilich mit im Spiel. Er haftet auch vielen meiner Chansons an, zum Beispiel diesem:

Es war emol e schäner, kläner Bach, net weit vun Lautre.
Vun dem will ich eich singe, un ich derf net länger zaudre.
's is nor noch's leere Bachbett do inmitte vun de Wisse.
Daß die Infrastruktur besser werd, hat's Bächle weiche misse.
Die Infrastruktur is e heilischi Kuh.
Die bete mir a(n), un dann macht se Schmuh.
Es warn emol viel Fischelscher ... Eisvöschel ... e Sumpf mit Frösch un Störsch, mit schäne Blumme wie de Calla ... die Infrastruktur, die heilisch Kuh, hat se uffgefreß ... Die Kinner siehn se höchstens uff 'me Bildsche ... in Kunscht, do simmer groß ...

Anni Becker

Kaiserslautern im Herbst 1988

P.S.: Meine neueste Ballade hat das moderne Bauernlegen zum Gegenstand.

Biographie:

Anni Becker, pfälzische Liedermacherin, als „Pälzer Krott" im deutschsprachigen Raum bekannt, wirkt in ihrer Heimatstadt Kaiserslautern als Lehrerin. Lange vor der Mundartwelle begann sie, alte vergessene Pfälzer Mundartlieder zu neuem Leben zu erwecken und Gedichte zeitgenössischer Pfälzer Mundartdichter zu vertonen. Zielscheibe ihrer selbstgetexteten satirisch-kritischen Chansons in Hochdeutsch und Pfälzisch ist das Patriarchat in all seinen Erscheinungsformen.

Preise:

1973 Umweltsongpreis
der Stadt Ludwigshafen/Rhein

1976 und 1977
Nürnberger Bardenpreis

1983 Mundart-Literaturpreis
Bockenheim/Weinstraße

Schallplatten:

DIE ALTEN LIEBEN LIEDER
LP da camera song SM 95032

DIE NEUEN LIEBEN LIEDER
LP da camera song SM 95052

FORTSCHRITTSGLAUBE
LP da camera song Sm 95062

Buchveröffentlichungen:

SCHNIBBERDISCHNABBER,
Liederbuch von Anni Becker
Edition FOCUS LUDWIGSHAFEN, ISBN-3-923197-01-2

FRAUENLIEDER, Hrsg. Inge Latz, Fischer Taschenbuch 2957

KRITISCHE LIEDER DER 70-er JAHRE, Hrsg. Heimann/Klusen
Fischer Taschenbuch 2950

LIEDER VON FRIEDEN UND FREIHEIT, Hrsg. Buchner
Franz Schneider Verlag,
ISBN 3-505089-89-3

GRÜNE LIEDER, Hrsg. Manfred Bonson, rororo 4640

BANJO LIEDERBUCH, Hrsg. Geck/Merkt, Verlag Ernst Klett,
ISBN 3-12-1775-00-6

DIE WELT IM LIED,
Hrsg. Klein/Weber,
Verlag Moritz Diesterweg,
ISBN 3-425-03727-7

LIEDERKISTE,
ISBN 3-9800401-1-9

Deutsches LIEDERBUCH,
Hrsg. Allvad, Edition EGTVED-Danmark 1984, MF 426

KALEIDOSKOP, Hrsg. Moeller/Liedloff/Lepke
Verlag Houghton-Mifflin-Cy,
Boston/USA

DEUTSCH NATÜRLICH,
Hrsg. Clausing/Rings,
Verlag Houghton-Mifflin-Cy
Boston/USA

UFF DIE BÄÄM DIE PÄLZER KUMMEN
Pfälzer Sprüche nach Noten
Reinhold Gondrom Verlag, Kaiserslautern, ISBN 3-88874-510-1

Unveröffentlichte Buchmanuskripte:

Heimat- und kulturkundliche Geschichte im Spiegel von Mythos, Sprache und Religion